WIDMUNG

Dieses Buch

ist all jenen gewidmet,

deren Selbstvertrauen

durch manipulative Umgebung

welcher Art auch immer

erschüttert oder zerstört wurde.

Im Besonderen gilt die Widmung

jenen, die die Organisation

der Zeugen Jehovas verlassen

und sich auf den Weg

der Selbstverwirklichung,

dem Weg zu sich selbst,

begeben.

INHALTSVERZEICHNIS

Autorin und Copyright Silvia Lackner   August 2018

Einleitung:
SELBSTVERTRAUEN UND ZEUGEN JEHOVAS

Ich erkläre hier ausdrücklich, dass der gesamte Inhalt dieses Buches ausschließlich meine eigene, persönliche Meinung und Sichtweise beschreibt, zu der ich durch eigenes Erleben, persönliche Beobachtung, logischem Analysieren gelangt bin. Alle daraus gezogenen Schlussfolgerungen und gewonnenen Erkenntnisse, die ich hier wiedergebe, stellen keinen Anspruch auf absolute Richtigkeit dar und enthalten keinerlei Verbindlichkeit. Der Inhalt dieses Buches stellt keine Hetze gegen die Organisation der Zeugen Jehovas und/oder gegen den einzelnen Zeugen dar und ist frei von verleumderischer Absicht und unbegründeten Vermutungen.

Das Vertrauen in die eigene Person, die eigenen Fähigkeiten, Kräfte und Macht formt alle Belange des Lebens und seiner Umgebung. Wer sich selbst vertraut, hat wenig bis keine Zweifel daran, Entwicklungen im eigenen Bereich entsprechend der eigenen Werte lenken und steuern zu können. Mit der inneren Überzeugung, mit den eigenen Fähigkeiten Handlungen ausführen zu können und zielwirksam zu werden, wird unser tägliches Leben gestaltet und damit erreichen wir unsere Ziele – oder eben nicht.

Als Zeuge Jehovas kennt man Selbstvertrauen in seiner natürlichen Form nicht. Es schließt einander eigentlich aus, denn es wird wiederholt aufgefordert, nicht sich selbst zu vertrauen, sondern ausschließlich Jehova und seiner Organisation. Das Selbst wird nämlich als dermaßen unvollkommen, fehlerhaft und unwert präsentiert, dass jeder, der sich selbst vertraut, gleichermaßen anmaßend und überheblich Jehova persönlich gegenüber ist. Dadurch würde ein Zeuge das Loskaufsopfer Jesu Christi (den Jehova geopfert hat, damit der Mensch die Chance auf Leben hat) schlichtweg abwerten und sogar verwerfen – und das will der gute Zeuge doch keinesfalls.

„Selbst"vertrauen ist nur im Rahmen der Vorgaben der Organisation lebbar: der Zeuge befolgt die Anweisungen und Vorgaben der Organisation, so gut es geht (am besten trainiert er sich zum idealen Zeugen Jehovas hin). Damit wird er als wertvoll betrachtet und kann sich selbst auch so sehen, und dadurch kann er sich in seinem (fremdübernommenen) Selbstbild „selbst" vertrauen.

Die allerwenigsten aber erreichen den Status des Ideals, deshalb hadert man als Zeuge immer und immer wieder mit den eigenen (angeblichen) Fehlern und Makeln, und weil diese sich so hartnäckig durchsetzen, wird man mit dem Vertrauen sehr, sehr vorsichtig. Der Same des Misstrauens sich selbst gegenüber geht unmittelbar auf und überwuchert schnell jede grundlegende Vertrauensstruktur.. Zudem ist das Herz laut dem Bibelbuch Jeremia verräterisch und heillos (ihm ist nicht zu helfen, es wird immer verräterisch bleiben!), also noch ein Grund mehr, sich noch weniger selbst zu vertrauen. Stattdessen wird alles Vertrauen in die Organisation, deren Vorgaben und Anleitung, und damit im Endeffekt berechtigterweise (so glaubt der Zeuge jedenfalls) auf Jehova fokussiert. Dann kann nichts schiefgehen, denn sicherheitshalber anderen mehr vertrauen als sich selbst bedeutet Schuldenfreiheit und der Zeuge hat seine Berechtigung, Opfer zu sein.

Natürliche Autorität, die auf Integrität basiert, ist bei den Zeugen Jehovas sehr, sehr selten.

Integer sind nur Menschen, die wissen, wer sie sind, die sich selbst und ihre Grenzen gut kennen, sich ihrer Veranlagungen und ihres eigentlichen Wesens bewusst sind. Solche Menschen sind authentisch, echt, ohne Maske, ohne verlogenes Verhalten, ohne einen Schein wahren zu müssen. Sie sagen, was sie denken – auch wenn es unangenehm ist –, weil sie zu dem stehen, was sie glauben und was ihnen wertvoll ist. Sie vertrauen ihrem eigenen Urteil mehr als dem anderer ... das alles ist ein Zeuge Jehovas niemals. Kann er auch gar nicht, denn er darf sich ja nicht selbst vertrauen, niemals seinem eigenen Urteil trauen, muss vor Worten und Taten *immer* erst abwägen, ob diese mit den Richtlinien und Vorgaben Jehovas übereinstimmen und der Organisation Jehovas auch nicht schaden.

Als Zeuge Jehovas vertraut man ausschließlich den Worten und Schriften der Organisation und deren Auslegung der Bibel sowie den Erklärungen und Erläuterungen „weiser" Männer wie Älteste, Kreisaufseher, Bezirksaufseher etc. Frauen und deren Aussagen sind nur vertrauenswürdig, wenn es eindeutig so irgendwo in der Literatur oder Bibel selbst zu finden ist, oder es von einem der „weisen" Männer bestätigt wird.

Nachdem der Zeuge Jehovas weder Grundlage noch berechtigten Grund hat, sich selbst zu vertrauen, gilt es, das Idealbild eines Zeugen zu erreichen, denn nur dann hat er Grund, sich zu trauen zu vertrauen – wenn auch nicht seinem wahren Selbst, sondern einem aufdiktierten. Aber das ist ihm nicht bewusst.

Wie sieht dieses ideale Selbstbild, nach dem die Zeugen streben, aus?

Kapitel 1:
SELBSTVERTRAUEN UND DER IDEALE ZEUGE JEHOVAS

Das Ideal, das jedem Zeugen Jehovas vorgegeben wird, ist ein Mensch, der sein gesamtes Leben, all sein Denken, Fühlen und Handeln, der Organisation und ihren Belangen widmet.

Vertrauen in sich selbst als von der Organisation unbearbeitetes Wesen ist definitiv nicht möglich. Worin der ideale Zeuge Jehovas vertrauen darf, ist das, was er entsprechend den Anweisungen und Vorgaben der Organisation aus sich zu machen hat: einen selbst*losen* (zur Selbstlosigkeit wird *sehr* ermutigt!), gleichgeschalteten Menschen, der stets dienstbereit ist, in jedem Fall den Anweisungen und Vorgaben der Organisation entspricht und der bedingungslos gehorsam ist, immer und jederzeit. Vom eigentlichen Selbst, dem wahren Wesen mit all seinen speziellen Einzigartigkeiten, Anlagen und Begabungen, bleibt nur das übrig, das der Organisation nützlich ist, alles andere verkümmert und wird ausgemerzt so gut es geht. Selbstverleugnung wird zum vorgegebenen Ideal (Jesus muss als Vorbild dafür herhalten, denn er hat sich selbst so sehr verleugnet, dass er sich hat opfern lassen, so die Argumentation der Organisation), deshalb wird alles am Selbst verleugnet, das nicht einem opferbereiten und bedingungslos gehorsamen Leben dienlich ist. Zu Ehrlichkeit wird zwar angehalten, sie wird jedoch nicht gelebt. Weder anderen gegenüber (jeder Zeuge Jehovas hat seine „Immer-Glücklich-Maske" angelegt, sobald er zwischenmenschlich interagiert), und schon gar nicht sich selbst gegenüber. Geht bei so perfekt gelebter Selbstverleugnung auch gar nicht.

Wie sollte echtes Selbstvertrauen dann noch funktionieren, wenn das Selbst durch ein falsches Selbstbild ersetzt wird?

Als idealer Zeuge ist man der Organisation gegenüber immer und jederzeit loyal und treu. Bestehende Missverhältnisse werden niemals nach außen getragen, gleich welcher Art diese Missverhältnisse sein mögen, ob es leichte Vergehen oder schwerwiegende Vergehen sind. (Bei sexuellen Übergriffen auf Kinder zB wird dies maximal den Ältesten gemeldet. Diese haben die Anweisung, solche Fälle in keinem Fall zur Anzeige zu bringen bzw. nach außen zu tragen. Es gilt bei der internen Behandlung eines solchen Falles die 2-Zeugen-Regelung, die die Organisation biblisch begründet. Das bedeutet, dass ein Fall nur dann Konsequenzen für den Täter hat, wenn es für diese Tat mindestens einen weiteren Tatzeugen gibt (das Kind gilt nicht als solcher), oder aber der Täter geständig ist. Da beides bei Kindesmissbrauch eher selten der Fall ist (und wenn doch, dann kommt es zu 99,9 % der Fälle mit Tatzeugen zu Falschaussagen des Mittäters), gibt es so gut wie nie Sanktionen für den Täter. Bei geständigem Täter wird dieser ausgeschlossen, einige Zeit später wird er aber, wenn es sein Wunsch ist, wieder in die Gemeinschaft aufgenommen und kann sein Spielchen fortsetzen.)

Der ideale Zeuge Jehovas würde niemals, NIEMALS gegen die Organisation agieren! Tut er's doch, ist ihm sein Ausschluss gewiss.

Das Zeugen-Idealbild kennt keine echten, spontanen Gefühle. Ich rede aus eigener Erfahrung. Laut dem Bibelbuch Jeremia ist das Herz des Menschen verräterisch und ihm ist keinesfalls zu trauen, weshalb es stets vom Verstand behütet im Sinne von „gezügelt" zu werden hat. Der Verstand wird gefüttert von Regeln und Vorgaben der Organisation (die angeblich von „Jehova" geleitet wird, wobei die Leitung der Organisation wiederum interpretiert, wer Jehova wirklich ist und wie das, was er selbst sagt [die Bibel] wirklich zu verstehen ist), und dieser Verstand hat das Herz zu beschneiden an allen Ecken und Enden, wo dies laut Organisationsleitung erforderlich ist.

Deshalb läuft die Aufforderung, Liebe zu leben, für den idealen Zeugen Jehovas in etwa so ab:

Eine Grundforderung der Zeugen Jehovas ist, den Nächsten zu lieben, und als Nachfolger Christi werden sie generell immer wieder angespornt, Liebe zu leben. Was Liebe „wirklich" ist, definiert die Leitung der Organisation bis in alle Einzelheiten, und ebenfalls ist definiert, wie sich echte Liebe anzufühlen hat. Der Zeuge füttert seinen Verstand mit diesen Informationen und befiehlt seinem Herzen, das zu fühlen, was es fühlen soll, um weiterhin in der Gunst Jehovas zu bleiben und nicht vielleicht etwas anderes als es darf zu fühlen.

Wenn das Herz aber dann doch mal etwas anderes fühlt als es vom Kopf aus fühlen dürfte, kommt es zu arger innerer Zerrissenheit und zu argen Schuldgefühlen. Man fühlt sich unwürdig, unwert, überhaupt nicht liebenswert und verachtet seine eigenen Empfindungen und mit der Zeit sich selbst im Gesamten. Das Herz verschließt sich mehr und mehr, so dass man mit der Zeit zu vielen Dingen nichts mehr fühlt.

Es dauert nicht lange, und das Herz des idealen Zeugen Jehovas ist minimalistisch klein geworden. Selbst seinen Mitgläubigen bringt er Liebe aus dem Kopf entgegen, denn er hat verlernt, *echt und spontan* zu fühlen.

Es klingt vielleicht übertrieben und abstrakt. Doch ganz genau so funktioniert der Prozess, ich kann's aus eigener Erfahrung bestätigen und habe es bei vielen, mit denen ich aufgewachsen bin, gesehen und sogar miterlebt.

Der ideale Zeuge Jehovas hinterfragt nichts, was von der Organisation kommt, oder forscht selbst nach, um sich von der Richtigkeit einer Schlussfolgerung oder Aussage zu überzeugen. Die Schlussfolgerungen bestimmter Lehren braucht er auch nicht nachvollziehen zu können, denn er glaubt bedingungslos dem „treuen und verständigen Sklaven" Jehovas, sprich, der Organisation, die von ein paar Männern, die behaupten, direkt von Jehova inspiriert zu sein, geführt wird. Wenn Lehren mit Bibelstellen erklärt werden, die aus dem Zusammenhang gerissenen und neu kombiniert sind, fällt dem idealen Zeugen das nicht auf, denn jedes Wort, jede Silbe, die die Organisation unterbreitet, ist 100 %ig wahr. Immer. Und jederzeit. Das war schon immer so und wird auch immer so sein.

Wenn die Organisation Lehren revidiert, dann ist es nur deshalb, weil das „Licht der Erkenntnis" kleinweise heller wird und der unwürdige Mensch niemals alles, was der große Jehova von sich gibt, verstehen kann. So gibt es immer nur nach und nach grünes Licht für Verständnis, wodurch sich die Lehren natürlicherweise von Zeit zu Zeit verändern. Der ideale Zeuge Jehovas glaubt dieser Argumentation der Organisation Wort für Wort.

Heute scheint es mir in höchstem Maße nicht nachvollziehbar, dass ich auch einmal so dachte, und noch viel weniger, dass ich davon völlig überzeugt war!

Der ideale Zeuge glaubt auch dann alles, was die Organisation sagt, wenn er es mit eigenen Augen anders sieht. Seine Selbstachtung ist so weit gesunken, dass er in solchen Fällen von sich denkt, er kann eben die Dinge niemals so gut verstehen und klar sehen wie der treue und verständige Sklave – und er ignoriert, was er sieht, er weigert sich, es *(für) wahr zu nehmen*. Welch ein Glück für die Organisation!

Als idealer Zeuge folgt er der Aufforderung der Organisation, über die „Wahrheit" BEI JEDER GELEGENHEIT (ob passend oder nicht, ob gewünscht oder nicht etc) zu reden. Dass er oft verspottet und abgelehnt wird, das macht ihm nichts aus, denn er spürt ja schon lange nichts mehr, und wenn doch, dann ist es für ihn nur die Bestätigung, dass es wirklich die „Wahrheit" ist. Denn sagte Jesus nicht selbst, dass seine wahren Jünger von der Welt verspottet und verfolgt werden? Ja, das tat er, und die Organisation interpretiert da noch hinzu, dass genau das einer der Gründe sei, warum die wahre Dienerschaft Jehovas nur unter sich glücklich und zufrieden sein kann.

Wie praktisch das doch ist! Der ideale Zeuge Jehovas braucht selbst niemals über den Tellerrand schauen, denn da draußen ist sowieso alles nur böse und verabscheuungswürdig und vernichtenswert, darum strengt er sich noch mehr an, der IDEALE ZEUGE JEHOVAS zu sein.

Denn nur dann meint er, sich vertrauen zu können. Es ist ja dann fast dasselbe, als würde man Jehova selbst vertrauen, wenn das Ideal erreicht ist ... und das wäre wohl definitiv in Ordnung für den Zeugen.

Kapitel 2:
GESUNDES SELBSTVERTRAUEN

Jemand mit gesundem Selbstvertrauen kennt seine Schwächen genauso wie seine Stärken. Er weiß, was er wodurch erreicht, er kennt seine Grenzen, hat ein gutes Gespür dafür, wie und wo er selbstwirksam sein kann, weiß, wie er agieren muss, um seine Ziele zu erreichen und vertraut sich in den meisten Belangen selbst.

Er lässt sich nie von anderen weismachen, er sei dies oder das, ohne selbst nach innen zu hören und zu spüren, ob dies auch wirklich stimmig ist und sich wahr anfühlt. Gesundes Selbstvertrauen ist sich seiner Sache sicher, ein solcher Mensch zweifelt nicht an seinem Können, Wissen, seinem Vermögen (also an dem, was er zu tun vermag), was er realisieren kann und ob er in einer Sache Erfolg hat. Für ihn ist das gegeben.

Freilich gibt es auch bei einem solchen Menschen Unsicherheiten, aber diese überwiegen nicht.

Jemand mit gesundem Selbstvertrauen wirkt auf Menschen ohne oder mit schwachem Selbstvertrauen manchmal überheblich und von sich eingenommen. Oft werden sie als eingebildet wahrgenommen, selbstverliebt oder gar größenwahnsinnig. Doch diese Bewertungen von sich selbst nicht vertrauenden Menschen zeigt meist nur das Ausmaß ihres eigenen Mangels an Selbstvertrauen und haben ursächlich nichts mit dem Menschen mit gesundem Selbstvertrauen zu tun.

Doch den wenigsten Menschen ist dies bewusst.

Gesundes Selbstvertrauen ist die Basis für gesundes Selbstbewusstsein, beides bedingt einander.

Jeder Mensch kommt mit gesundem Selbstvertrauen auf diese Welt.
Es nährt die Daseinsfreude, den Fluss der Lebensenergie, die Beja-
hung des Lebens an sich sowie die Freude am Tun und an der Kreativität. Wer sich selbst vertraut, hat keine Angst vor Neuem oder
Unbekanntem, er fühlt sich lebendig, weil er keine Angst vor der eigenen Tiefe hat und auch nicht vor anderen. Ein solcher Mensch ist
ungehemmt im Umgang mit anderen, kann offene Herzlichkeit an
den Tag legen, andere positiv motivieren und begeistern, er berührt
andere in ihrem Herzen und fördert deren eigene Energie.

Wenn sich jemand selbst vertraut, fördert er sich selbst in seinen
Anlagen und Begabungen, er investiert Zeit und Energie, seine Fähigkeiten auszubauen und seine natürlichen Begabungen so einzu-
setzen, dass es Sinn macht, dass es anderen eine Hilfe ist, dass Um-
stände dadurch besser werden (ob für sich oder für andere) ... er
hat keine Angst vor seiner eigenen Stärke und Kraft. Und er lässt
sich keinesfalls von anderen sagen, was gut für ihn ist, was er zu tun
oder zu unterlassen hat und/oder wie er etwas tun soll.

Jemand mit gesundem Selbstvertrauen ist nicht – oder sagen wir
schwer – manipulierbar.

Je nach familiärer Situation und frühkindlichen Erlebnissen wird das Selbstvertrauen entweder gestärkt und kann sich natürlich und gesund entwickeln, oder aber es wird geschwächt, verletzt, gestohlen, getötet. Im natürlichen Heranreifen des Menschen reguliert sich Vieles, was geschwächtes oder verletztes Selbstvertrauen betrifft, und so mancher holt sich im Erwachsenenalter gestohlenes Selbstvertrauen wieder zurück.

Außer man ist Zeuge Jehovas, das ist bezüglich Vertrauen in sich selbst fatal. Als Zeuge opfert man nämlich sein Selbstvertrauen der Organisation und ihrem Gott Jehova, und das für schön klingende Versprechungen. Ich hab's selbst erlebt. Und bei vielen beobachtet.

Wie funktioniert das genau?

Kapitel 3:
DIE GEFORDERTE OPFERUNG

Als Zeuge Jehovas habe ich es so erlebt, dass die Lehre und Lebens-
weise das Selbstvertrauen des einzelnen Zeugen stiehlt und es auf
die Organisation und Jehova verlagert. Es fühlt sich an, als würde
dem einzelnen Zeugen Lebensenergie entzogen. Das zeigt sich unter
anderem im Verlust der kreativen Lebensart, der freien Kreativität
des einzelnen und dem Aufgeben von unbeschwerter Spontaneität
(die meines Erlebens nach eine wichtige Würze des Lebens selbst
ist, weil sie die ursprüngliche Lebendigkeit nährt).

Das echte Selbst des einzelnen, das, was er ursprünglich, ohne Regeln und Vorgaben, ohne dem Belohnungs-Bestrafungssystem, wird
sukzessive reduziert, bis es so gut wie fast völlig aufgegeben (bzw
abgegeben) ist. Es wirkt so, als würde damit die Energiemaschinerie
der Organisation am Laufen gehalten, aber ich kann mich auch täu-
schen. Denn das wäre ein ziemlich schwarzmagischer Akt und alles
andere als menschlich vertretbar.

Was ich jedoch ganz konkret erlebt habe, ist, dass ein falsches
Selbst(bild) im Zeugen installiert wird. Dieses aufrecht zu erhalten
erfordert so viel Aufmerksamkeit und Aktion, dass weder Raum
noch Kraft dafür bleibt, zu hinterfragen, was mit einem eigentlich
wirklich geschieht. Solange man als Zeuge in diesem Hamsterrad
drinnen ist, ist nicht zu erkennen, was Sache ist. Erst, wenn man in-
nehält, Abstand gewinnt und einen Schritt heraus macht, kommt
man zu Bewusstsein und beginnt, die Unstimmigkeiten zu spüren

(viele halten irgendwann unabsichtlich aus innerer Erschöpfung inne und fallen aus dem Hamsterrad heraus, andere explodieren (oder implodieren) unter diesem Druck und dabei wird ihr Hamsterrad zerfetzt, wieder andere stolpern über herausstehende Teile im Hamsterrad wie Ungerechtigkeit, Lüge, Missbrauch, emotionale Erpressung usw und wagen den Sprung ins Freie ... die Varianten sind vielfältig). Und erst dann merkt man, dass einem etwas sehr Grundlegendes, nämlich das Vertrauen in sich selbst, fehlt. Der Schock ist dann groß, denn man versteht nun Fragen, die einem ziemlich sicher oftmals gestellt wurden, bei denen man aber bis dato nie wirklich hingehört hat: Wie kann ein vernunftbegabter Mensch in solch einer Organisation sein? Wieso lassen intelligente Menschen so krasse Dinge mit sich machen? Wieso checken erwachsene, vernünftige Mensch nicht, was da mit ihnen passiert?

Das lässt sich nur beantworten, wenn man selbst dabei *war*. Mir ging es ganz genau so. Und vieles erkenne ich überhaupt erst jetzt, über 16 Jahren nach dem Ausschluss.

Kein Mensch mit gesundem Selbstvertrauen geht zu den Zeugen Jehovas. Das Opfer des Selbstvertrauens ist einfach zu groß. Wüsste der Studierende, dass dieses Opfer Bedingung ist, würde er sich niemals darauf einlassen.

Aber die versprochenen Belohnungen und die präsentierten Vorteile sind einfach zu groß, und sehr viele Menschen haben das echte Herzensbedürfnis, Frieden, Liebe, Freude, Wohlstand, Glücklichsein, Harmonie, Freundlichkeit und Freundschaft, Segnungen und dergleichen zu erleben und sich zu erarbeiten. Da denkt man sich leicht nicht viel dabei, wenn einem jemand verspricht, das alles haben zu können, zumal das, was man dafür tun und opfern muss, so gut verpackt ist, dass es zu Beginn überhaupt nicht ersichtlich, nicht einmal zu erahnen ist.

Welche Folgen hat die Opferung des Selbstvertrauens auf den einzelnen? Und wie geht es denen, die die Organisation verlassen?

Kapitel 4:
DIE FOLGEN

Ein Mensch ohne Selbstvertrauen ist manipulierbar. Ihm ist alles einzureden, er wird alles glauben, er wird niemals Fragen stellen und immer im Gehorsamsmodus sein. Ohne Selbstvertrauen muss es immer jemanden anderen geben, dem das Vertrauen geschenkt wird, und solche Menschen gehen so ziemlich jedem Versprechen auf den Leim. Sie lassen sich aber auch nicht leicht unterkriegen, denn wird dieses Versprechen nicht realisiert, finden sie sich schnell einen anderen Versprechensgeber.

Menschen ohne Selbstvertrauen setzen selten Grenzen. Sie haben es nie gelernt. Jeder kann mit ihnen so ziemlich alles machen, ohne dass sie sich wehren oder Einhalt gebieten. Sie sind immer Befehls-empfänger, selten -geber. Und wenn doch, wie zB solche, die Ämter innerhalb der Organisation bekleiden, führen bzw raten sie immer nach Anweisung, die sie selbst erhalten haben und nach Schema, das ihnen selbst vorgegeben wurde.

Wer sich selbst wenig bis gar nicht selbst vertraut, trifft selten eige-ne Entscheidungen. Lieber leidet ein solcher (die Zeugen Jehovas überhaupt gerne), als dass er aktiv und eigeninitiativ selbst etwas ändert oder Impulse setzt.

Es ist viel Angst bei solchen Menschen, etwas falsch zu machen, je-manden zu verärgern (der für sie Autorität ist, sei es der Ehemann, der laut Zeugen über die Ehefrau und die Kinder steht, seien es Älteste, die laut Zeugen über den einzelnen Zeugen in der Versammlung steht, sei es die Organisation selbst, die ja direkter Vertreter Jehovas ist, oder sei es Jehova selbst, der einen dann definitiv vernichtet).

Bei denen, die leichter Entscheidungen treffen können, findet sich oft tiefsitzende Unzufriedenheit über Abläufe oder Lehrmeinungen, über die sie jedoch mit niemandem reden, sondern aus Treue und Loyalität der Organisation und Jehova gegenüber für sich behalten. Aber bei so manchem schwelt Derartiges, und das ständige Unterdrücken dieses Brodelns macht den einen oder anderen derart mürbe, dass er sich ein Doppelleben aufbaut. Ich kenne viele, die ein solches Doppelleben führen, und weil sie den Schritt nach draußen nicht wagen (sie würden alles verlieren, würden geächtet werden, haben ja außerhalb der Organisation überhaupt keine Kontakte und kein Leben, keine Perspektive, keine ihnen bekannte Option), geben sie sich den Mitbrüdern so wie die sie haben wollen, aber in ihren vier Wänden machen sie oft das, was sie wollen. Freilich sind da immer die Kontrollblicke der anderen Mitbrüder, deshalb ist ihre Vier-Wände-Freiheit sehr eingeschränkt. Und der Optik wegen müssen diese Doppelleben-Zeugen dann doch immer wieder Dinge tun, die sie eigentlich überhaupt nicht tun wollen: Predigen gehen, Ansprachen vorbereiten und halten, sich aktiv an den Zusammenkünften beteiligen, überhaupt in die Zusammenkünfte gehen und so weiter und so fort.

Es ist ein sehr trauriges und einsames Dasein, denn echte Lebensfreude kennen sie meistens gar nicht, und Freiheit ist für sie nur ein Wort, von dessen Bedeutung sie sich weit, weit entfernt fühlen.

Aber jeder tut wir er mag oder kann ... einem solchen zu raten, eine Entscheidung zu treffen, ist kontraproduktiv. Jeder muss seinen eigenen Weg gehen. Aber dabei zusehen zu müssen und denjenigen auch noch zu mögen, ist echt hart.

Für die meisten Menschen mit wenig Selbstvertrauen sind immer andere gescheiter als sie selbst. Viele halten sich wirklich für dumm, besonders viele Frauen bei den Zeugen sind von ihrer Naivität und Dummheit überzeugt. Sie sind es definitiv nicht, es wird ihnen jedoch so vermittelt – oft „nur" unterschwellig. Denn würden sich die Frauen vermehrt für intelligent halten, würden sie sich mit dieser unterwürfigen, stillen, hintergründigen, demütigen, aufopferungswilligen, versorgenden, dienstbereiten Rolle keinesfalls zufrieden fühlen und vermehrt aufbegehren. Sie könnten beginnen zu spüren, wie unnatürlich die Männerdominanz ist, und dass es einfach nicht gottgewollt sein kann, dass das Weibliche (aus dem ja das Leben kommt) derart untergraben wird.

Das hat nichts mit Emanzipation zu tun, sondern mit Gleichwertigkeit im Sinne der Liebe. Ein Miteinander auf gleicher Augenhöhe ist komplett etwas anderes wie das zeugenmäßige Unterwürfigkeitssystem.

Welche Berechtigung hat es, Menschen schwarzer Hautfarbe als minderwertig den Weißen gegenüber zu betrachten? Dieselbe Berechtigung hat es, das Weibliche dem Männlichen unterzuordnen. Alle sind auf selber Augenhöhe, das gebietet die Liebe selbst, und jeder, der etwas Gegenteiliges sagt, spricht weder wahr noch echter Liebe entsprechend. Unterschiedliche Qualitäten können durchaus auf selber Augenhöhe interagieren und sich ergänzen. Aber es ist natürlich sehr praktisch so, denn das Weibliche ist einfach zu mächtig und damit gefährlich, wenn es sich seiner selbst wirklich bewusst ist.

Wie war das mit den mittelalterlichen Hexenverbrennungen? Wurden sie wirklich angeprangert, weil sie zaubern konnten? War es nicht vielmehr die Angst vor den weiblichen Qualitäten? (Ich meine damit nicht das Sexbezogene, sondern besondere Fähigkeiten und Begabungen, vor denen Männer Angst haben, weil sie diesen nicht Herr werden können – in buchstäblichem Sinne. Dazu mag jeder seine eigenen Nachforschungen anstellen.)

Und so leiden viele weibliche Zeugen Jehovas still dahin, die Zuordnung ihrer Rolle akzeptierend, denn schließlich hat es ja Jehova so gesagt. Behauptet die Organisation, sprich die paar Männer der Leitenden Körperschaft. Und was die sagen ist unfehlbares Gesetz.

Weitere Folgen mangelnden Selbstvertrauens sind tiefe und anhaltende Depression, wie in Band 2 schon ausführlicher beschrieben, was stark bei den Frauen zu beobachten ist. Viele Krankheiten resultieren daraus, und da offen über innere Unzufriedenheit nicht gesprochen wird, frisst der Zeuge das in sich hinein (nicht alle, aber sehr viele). Es kommt häufig zu autoaggressivem Verhalten, die selbstverletzenden und -bestrafenden Verhaltensmuster besonders bei Ex-Zeugen, aber auch bei ungewöhnlich vielen aktiven Zeugen, erzählen ihre Geschichte. Emotionen dürfen nicht gelebt werden, sondern werden unterdrückt, abgewürgt, beschönigt, nicht ernst genommen und verdrängt. Oder an anderen, „unter sich stehenden“, ausgelassen: Männer behandeln ihre Frauen schlecht (eine Scheidung ist bei den Zeugen ohne „biblischen Scheidungsgrund“ [das ist ausschließlich Ehebruch] nicht zulässig), Männer und Frauen lassen ihren Frust an den Kindern aus (Kinder haben generell niemanden, der für sie spricht, an den sie sich wenden können außer ihre Eltern), Älteste lassen es an normalen Verkündigern der Versammlung aus, die sie persönlich nicht mögen (alles selbst mehrfach erlebt!) ... irgendwo muss der Frust raus. In der Regel wendet sich der Zeuge aber gegen sich selbst, indem er sich selbst permanent überfordert, Selbsthass praktiziert (weil er seine eigenen sehr hoch gesteckten Anforderungen nicht entspricht oder wieder einmal einen „Fehler" gemacht hat, den er bei sich selbst nicht akzeptieren kann), er es als „verdient" ansieht, sich selbst Gutes, Angenehmes und Schönes zu versagen, er sich verwehrt, zu genießen (was auch immer, denn Genuss führt leicht zur Genusssucht, und die ist verpönt), sich seelisch traktiert, malträtiert und teilweise sogar selbst verwahrlosen lässt. Und das alles, ohne dass es ihm bewusst ist.

Was hier geschildert ist, habe ich sowohl selbst an mir erlebt als auch bei vielen, vielen (damaligen) Mitgläubigen beobachtet. Mit einigen davon bin ich heute noch in Kontakt, sie haben mit den Folgen nach ihrem Ausstieg schwerst zu kämpfen, sind in tiefen Depressionen versunken, schwer krank (Krebs und dergleichen), lebensüberdrüssig, verzweifelt und hoffnungslos. Es ist nicht übertrieben, obwohl es so klingen mag, und man braucht sich ja nur selbst mit einem Ex-Zeugen unterhalten, um herauszufinden, ob diese Schilderung hier frei erfunden ist oder ob es sich tatsächlich bei vielen (wenn nicht den meisten) Aussteigern so verhält.

Je nach Erziehung und Länge des Dabeiseins in der Organisation variiert die Schwere der Folgen, ich kenne die härtere Version sowohl aus eigener Erfahrung als auch von anderen.

Jemand, der die Organisation der Zeugen Jehovas verlässt und das Pech hat, hineingeboren worden zu sein, hat es beim Ausstieg mit dem Selbstvertrauen besonders schwer. Ein solcher muss überhaupt erst kennen lernen, wer er selbst wirklich ist. Durch die Erziehung als Zeuge (vielen wurde das Idealbild des Zeugen als Messlatte angelegt) hatte dieser niemals Gelegenheit, seine natürlichen Fähigkeiten und Anlagen kennen zu lernen, geschweige denn auszubauen. Immer wieder höre ich von solchen, die „in der Wahrheit" aufgewachsen sind, sie wissen nicht, wer sie sind, sie spüren sich nicht, kennen weder ihren Platz in dieser Welt noch was sie tun sollen oder wo sie wirklich dazu gehören. Sie fühlen sich völlig allein, isoliert, unverstanden, haben oft keine Bezugsperson (einen sozialen Umkreis müssen sie sich erst aufbauen, und das ist oft sehr, sehr mühsam, weil sie sich so schwer tun damit, sich anderen mitzuteilen, ihre Geschichte zu erzählen, anerkannt und akzeptiert zu werden) und sind oft lange Zeit für sich allein, bevor sie jemanden finden, bei dem sie sich wohl und verstanden fühlen. Die üblichen Therapeuten können meist zwar helfen, aber ab einem bestimmten Punkt haben sie keinen Zugang mehr zum Erleben eines Ex-Zeugen und können keine praktische Unterstützung mehr geben.

So muss sich der Ex-Zeuge so gut wie möglich sein Selbstvertrauen selbst erarbeiten, was gelinde gesagt eine Megaaufgabe ist und leicht überfordert. Glücklicherweise meint es das Leben aber mit den meisten Ex-Zeugen gut, und sie finden andere Ex-Zeugen, mit denen sie sich austauschen können, oder einen guten Therapeuten, der günstigstenfalls selbst Ex-Zeuge ist, mit dem es dann ein gutes Stück näher der Selbstverwirklichung geht.

Wenn die zuvor erarbeitete Selbstachtung und die Wertschätzung der eigenen Person gepflegt werden, ist das Fundament für Selbstvertrauen da. Und wer dran bleibt, hat unweigerlich Erfolg im Aufbau des Vertrauens in sich selbst. Es geht gar nicht anders, es ist eine Kettenreaktion, das eine führt zum nächsten und so weiter.

Man muss sich nur trauen ins Vertrauen, also nur Mut, es zahlt sich aus!

Kapitel 5:
SICH TRAUEN INS VERTRAUEN

Für jemanden, der es gewohnt ist, stets fremde Anweisungen auszuführen und sich vorgegebene Meinungen/Lehren anzueignen, ist es vorerst äußerst befremdlich, plötzlich solche nicht mehr vorgesetzt zu bekommen. Jemand, der die Organisation der Zeugen Jehovas verlässt, ist genau in dieser Situation. Erst einmal muss sich derjenige seine Selbstachtung wieder erarbeiten, diese ist grundlegend für alle weiteren Aktionen. Die Wertschätzung der eigenen Person baut auf der Selbstachtung auf, und ist der Selbstwert gesundet, führt dies fast automatisch ins Selbstvertrauen. Aber es ist ein großer Schritt, weil er damit verbunden ist, sich (s)ein eigenes, neues Weltbild aufzubauen. Damit dies jedoch möglich wird, muss sich der Ex-Zeuge bereits ein großes Stück vom Lehrgebäude der Zeugen Jehovas distanziert und befreit haben.

Sich ein neues Weltbild zu erarbeiten funktioniert nicht, solange jemand weiterhin an die Richtigkeit der Auslegung der Zeugen glaubt. Wer weiterhin Jehova als höchste Instanz alles Lebenden sieht, wird sich niemals wirklich ganz davon befreien können.

Mir ist bewusst, dass das ein sehr heikles Thema ist, und ebenso klar ist mir auch (aus eigener Erfahrung), dass so tief eingravierte „Wahrheiten" wirklich schwer aufzugeben sind. So stark gläubige Menschen wie Zeugen Jehovas brauchen etwas, woran sie glauben können, ich kenne keinen einzigen Ex-Zeugen (und ich kenne sehr viele!), der Atheist wurde. Das an sich ist schon bezeichnend.

Ein Ex-Zeuge, der sich sein eigenes Welt- und Gottesbild erarbeiten möchte, kommt kaum umhin, sich mit anderen religiösen bzw. spirituellen Lehren auseinander zu setzen. Dies ist keinesfalls eine Aufforderung dazu, in eine neue Religion einzutreten, um Gottes willen, nein! Es geht darum, ein umfassendes Bild von Religion und Spiritualität zu erhalten, um sich dann von alledem das heraus zu suchen, was dem eigenen Herzen am meisten entspricht.

Ich bin überzeugt davon, dass ein großer Anteil der Zeugen Jehovas sehr spirituell ausgerichtete Menschen sind, die wirklich nach Wahrheit suchen. Durch das geopferte Selbstvertrauen können sie nur nicht erkennen, dass es darum geht, *ihre eigene Wahrheit* zu finden, *das, was sich in ihrem Herzen als wahr anfühlt* – und nicht, was ihnen als „wahr" gelehrt wird/wurde.

Das ist ein wichtiger Teil des Selbstvertrauens: sich wieder im eigenen Herzen spüren zu lernen, die leise Stimme des eigenen Herzens wieder wahrnehmen und hören zu lernen, denn im eigenen Herzen findet jeder Mensch alles, was er ist, was zu ihm gehört und was *für ihn selbst* wahr ist.

Meiner Forschung und Erkenntnis nach gibt es keine für alle Menschen gleichermaßen gültige Wahrheit. Es gibt grundlegende Wahrheiten, die jedoch eher Gesetzmäßigkeiten sind (wie zB funktionelle Wahrheiten wie physikalische Gesetze oder Lebensgesetze wie die kosmischen Gesetze), aber in Glaubensfragen hat jeder Mensch einen anderen Zugang zu dem, was üblicherweise unter „Gott" verstanden wird und zu Spiritualität an sich.

Spiritualität ist meinem aktuellen Verständnis nach *die Akzeptanz des Geistes als Realität.* Und da jeder Mensch einen anderen Geisteszustand hat (wertfrei gesagt, da gibt es keine Bewertung, niemand ist „weiter" als ein anderer, niemand ist „besser" oder „nicht so gut" etc) und auch einen anderen Bewusstseinszustand/-level, schafft jeder „Geist" (jeder Mensch in seinem individuellen Geisteszustand) seine ureigene Realität. Das ist seine eigene Welt, sein Verständnis der Dinge, sein Bezug zu dem, was ist – die Gesamtheit davon nenne ich „Weltbild".

Kein Weltbild ist besser als das des anderen, keines wertvoller oder sonstwie „über" dem eines anderen. Jedes hat seine Berechtigung, und jedes Weltbild ist wichtiger Teil des Ganzen (das ist für mich unter dem Begriff „Gott" zusammen gefasst). Wir alle in unserer Gemeinsamkeit, mit all unseren Unterschieden also, bilden „Gott", und das, was als „böse", „dunkel", „satanisch", „teuflisch" usw benamst wird, ist eben auch Teil dieses Ganzen. Manche Geister (Menschen in ihrem individuellen Geisteszustand) schaffen sich ungute, unangenehme Realität, manche kreieren sich lichtvolle, leichte und angenehme Realität. Der Kampf zwischen Gut und Böse, zwischen „Gott" und „Satan" ist nichts anderes als die Trennung des Gesamten, denn jeder Mensch hat tiefdunkle Schattenanteile (die die Zeugen Jehovas übrigens total unterdrücken, wegsperren und dann als Dämonen und dämonische Kräfte wahrnehmen, weil sich diese dunklen Persönlichkeitsmerkmale und -anteile auf anderen Ebenen manifestieren und sich so lange zeigen, bis sie akzeptiert und angenommen werden.

Das alles schreibe ich hier nicht, um eine neue Lehre zu gründen oder anderen meine eigene Einstellung zu indoktrinieren. Nein, ganz im Gegenteil. Ich möchte damit nur aufzeigen, dass es möglich ist, sich so weit von der tief eingravierten Lehre der Organisation der Zeugen Jehovas loszulösen (noch dazu als Hineingeborene, also kann das jeder andere auch!), und sich sein ganz individuelles Welt- und Gottesbild aufzubauen. Es gibt viele unterschiedliche Welt- und Gottesbilder, und jeder hat das Recht auf sein eigenes. Deshalb ist keines der anderen falsch oder verwerflich.

Und ich schreibe es hier auch deshalb, weil ich erlebe, dass viele Ex-Zeugen immer noch in dem Status sind, anderen ihre eigene Glaubensmeinung als das „einzig Richtige" aufzwingen zu wollen, was dann in etwa so aussieht: Du verstehst die Worte des Paulus falsch, denn Petrus sagt dies dazu, also kann das nicht stimmen, was du sagst. Nein, DU siehst es falsch, denn Jeremia sagt darüber dies und das, und das bedeutet, ich sehe es richtig! Nein, denn in Korinther wird auch gesagt, dass .... und so geht es Stunde um Stunde, Seite für Seite bis dass einer beleidigend wird, sich beleidigt und unverstanden fühlt und beide Seiten frustriert den Austausch niederlegen, um es an anderer Stelle zu anderer Zeit fortzusetzen.

Ganze facebook-Seiten und Foren von Ex-Zeugen sind voll von solchen Unterhaltungen. Und was bringt es?

Selbstvertrauen vertraut dem eigenen Gefühl, der eigenen, sich selbst erarbeiteten Meinung. Kommt man auf eine Unstimmigkeit in der eigenen Überzeugung drauf, dann forscht man eben tiefer, bis es wieder stimmig ist, auch wenn das bedeutet, die eigene Überzeugung zu revidieren. Jeder Mensch hat das Recht, seine Meinung zu ändern, jederzeit und permanent.

Und das ist der Unterschied: Durch Selbstvertrauen erarbeitet man sich das, was man glaubt, wovon man überzeugt ist, SELBST, forscht SELBST nach, so lange, bis das Herz und der Bauch in Übereinstimmung sagen: Ja, so fühlt es sich wahr und *für mich (!)* richtig an. Unabhängig davon, was ein anderer dazu sagt.

Freilich hört man sich andere Meinungen an und tauscht sich aus, aber dennoch wird jemand mit gesundem Selbstvertrauen nicht sofort die eigene Meinung über Bord schmeißen, nur weil jemand anderer etwas anderes sagt, sondern selbst nachforschen, nachfragen, Hintergründe erforschen, und nur wenn es sich stimmig anfühlt, wird es die eigene Überzeugung beeinflussen oder prägen.

Das macht Selbstvertrauen.

Und es gesteht durchaus auch zu, zu bestimmten Themen einfach im Unklaren zu sein. Das ist genauso ok und nichts, wofür sich jemand zu schämen hätte.

Selbstvertrauen wagt es, ehrlich zu sein. Sowohl mit sich selbst als auch mit anderen. Denn jemand mit Selbstvertrauen hat es nicht nötig, jemand anderem schön ins Gesicht zu tun, um anerkannt oder gemocht zu werden. Derjenige mag sich ja bereits selbst, er achtet sich ja bereits selbst, und jetzt vertraut er auch noch sich selbst, seinem Gefühl, seinem Urteil, seiner eigenen Meinung und Überzeugung – weil er es sich SELBST erarbeitet hat.

Sich selbst zu vertrauen ist einfach wunderbar!

Kapitel 6:
ZURÜCK INS SELBSTVERTRAUEN

Der Weg zurück ins Selbstvertrauen ist voller zauberhafter Momente. Es gibt viele Erfolgsmomente, oft sind es ganz kleine und unscheinbare, wie beispielsweise eine Situation, in der man früher immer auf eine Art reagiert hat, die man selbst nicht mochte. Eines Tages wird der, der an seinem Selbstvertrauen dran bleibt, in einer ähnlichen (oder gleichen) Situation feststellen, dass es diesmal nicht zu der üblichen Reaktion kam, sondern ganz bewusst eine andere Aktion gesetzt werden konnte. Die Freude darüber ist groß, die Wertschätzung sich selbst gegenüber vertieft sich mehr und mehr, je öfter solche Erfolgsmomente erfolgen. Das Vertrauen in sich selbst, das eigene Bewusstsein, wird gestärkt, und irgendwann (recht bald sogar) wird es keine Frage mehr sein, ob die nächste Herausforderung in Sachen Selbstvertrauen erfolgreich gemeistert werden kann. Es ergibt sich, wie von ganz allein, und es ist nicht rückgängig zu machen ab einem gewissen Punkt.

Mit der Zeit stellt sich sogar echte Dankbarkeit für Situationen im Leben ein, in denen das Selbstvertrauen herausgefordert wird, denn das Leben ist in dieser Angelegenheit der allerbeste Lehrmeister!

Nur jemand, der gesundes Selbstvertrauen hat, kann anderen helfen, ihr Selbstvertrauen wieder zu gewinnen. Das ist eines der allerschönsten Taten als Mensch, anderen wieder zu sich selbst zurück zu verhelfen und/oder dabei zu begleiten, sich selbst überhaupt zu finden.

Es gibt keinen einzigen Nachteil dabei, das Selbstvertrauen wieder aufzubauen. Ich meine damit, keinen Nachteil für sich selbst. Für andere freilich, denn man ist dann nicht mehr manipulierbar, ist sich seiner selbst in dem, was man ist, sicher, und jemand, der selbstsicher ist, lässt sich auch nicht so leicht verunsichern durch irgendwelche (angeblichen) Falschmeldungen über was auch immer.

Das, was beispielsweise über den Zustand unserer Welt (politisch, wirtschaftlich, sozial usw) an Allgemeinmeldungen in den Medien verbreitet wird, da braucht es schon eine Menge Selbstvertrauen (das immer verbunden ist mit gutem Bauchgefühl und starker Herzaktivität), um zu erfassen, was wahr ist und was nur Angst machen soll und Panik verbreiten soll (denn in Angst sind die Menschen leicht manipulierbar).

Mit Selbstvertrauen können aktiv und initiativ Maßnahmen gesetzt werden, und vielleicht werden wir eines Tages großteils unser eigenes Selbstvertrauen (und Selbstbewusstsein) soweit gestärkt haben, dass wir daran gehen können, am kollektiven Selbstvertrauen zu arbeiten.

Das wäre doch grandios, oder? ♥

Kapitel 7:
DIE PFLEGE DES SELBSTVER-
TRAUENS

Selbstvertrauen will freilich gepflegt werden, aber ich kann Dir versichern, dass es sich teilweise selbst pflegt. Wer einmal auf den Geschmack von „sich selbst vertrauen können" gekommen ist, der will dieses Gefühl nie wieder missen. Am Anfang fühlt es sich an, als würde man in einer bestimmten Weise „ganz" werden, einen lange verlorenen oder vermissten Teil seiner Selbst wieder an sich genommen zu haben. Und dann beginnt man, damit zu spielen, auszuloten, wo sind die Grenzen, was braucht das Vertrauen, wie interagiert es mit dem Selbstvertrauen anderer usw.

Aber ja, gute Frage: Was braucht Selbstvertrauen?

Es braucht Aufmerksamkeit und Bewusstheit.

Wahrnehmungstraining verhindert das Versinken im Alltagsbewusstsein, das oft mit monotoner Eintönigkeit ausgefüllt ist. Zu lernen, die täglichen Tätigkeiten bewusst auszuführen, und wertfrei zu betrachten (zusammenräumen beispielsweise kann sehr meditativ sein, indem während diesen Tätigkeiten die inneren Abläufe beobachtet werden, die Gedanken registriert werden und die Gefühle dazu beobachtet werden – da ist viel Potential für Selbsterkenntnis!), kann die eigene Wahrnehmung auf ein ganz anderes Level bringen. Oft trainiert, wird es zur Automatik, und es erfordert weniger Anstrengung, in jedem Augenblick gegenwärtig und bewusst zu sein. Es wird weniger automatische Reaktionen und viel mehr bewusst gesetzte Aktionen geben, Unwichtiges und Nebensächliches (das oft viel Energie kostet, was aber oft nicht offensichtlich ist) wird reduziert auf das, was wirklich wichtig und vor allem erfüllend ist.

Selbstvertrauen braucht auch Ehrlichkeit. Wir können nur jemandem vertrauen, der ehrlich ist, richtig? Wenn wir nicht ehrlich zu uns selbst sein können, uns selbst anlügen, um besser dazustehen oder für andere besser zu scheinen, wie können wir uns dann selbst vertrauen? Aspekte an uns anzusehen, die wir nicht so gerne sehen, ist wichtiger Teil von Selbstvertrauen.

Nachdem Selbstvertrauen auch die Selbstwirksamkeit mit einschließt (also das Vertrauen, die Fähigkeiten und Kraft zu haben, Ziele im Rahmen der eigenen Werte zu realisieren), ist es nicht mehr so schwer, diese an sich selbst nicht so geschätzten Aspekte zu transformieren und Schwächen zu Stärken zu machen. Aber das ergibt sich auf dem Weg zur Selbstverwirklichung oft von ganz von alleine, da würde ich jetzt vorgreifen und über die Pflege hinausgehen ...

Jedenfalls braucht Selbstvertrauen konsequentes Dranbleiben, und meiner Erfahrung nach ist es einer der schönsten Erlebnisse mit sich selber, festzustellen, dass das Vertrauen in die eigene Person wiederhergestellt ist ☺

EPILOG

Die Erforschung des Selbstvertrauens war alles andere als einfach.

Einer Frau bei den Zeugen Jehovas wird sowieso gerne und leicht Naivität und die Rolle des Dummchens zugeordnet. Teilweise gibt es auch unter den Frauen selbst eine Art Konkurrenzkampf, wer als intelligenter gilt. Ich habe einige Frauen kennen gelernt, die ziemlich viel dafür getan haben, immer über alles Bescheid zu wissen, damit sie von ihren Männern und von Mitbrüdern nicht für dumm gehalten werden.

Da Besprechungen und Versammlungsangelegenheiten generell nur unter Männern besprochen und abgehandelt werden, und diese Männer die strikte Anweisung haben, mit ihren Frauen darüber nicht zu reden (weil davon ausgegangen wird, dass Frauen nichts für sich behalten können), sind Frauen sowieso immer von dem, was in der Versammlung als „wichtige Vorgänge" betrachtet werden, ausgeschlossen. Manche Männer tun dann auch recht geheimnisvoll, um zu betonen, wie wichtig sie doch sind im Vergleich zu Frauen oder zu ihren Frauen im Speziellen. Das sind so unterschwellige Machtkämpfe, die durch die streng hierarchische Struktur völlig unnötigerweise gefördert werden und absolut unangebracht sind.

Das ist keine Verallgemeinerung, es gibt vielleicht Versammlungen, in denen das anders läuft. In all den Versammlungen, in denen ich war (das waren mehrere an Zahl), lief es so ab.

Ob Mann oder Frau, das Erarbeiten des Selbstvertrauens ist für jeden, der die Organisation verlässt, eine riesengroße Herausforderung. Wenn Du ein Aussteiger bist, wirst Du Deine eigenen Schlussfolgerungen in dieser Angelegenheit ziehen, und es würde mich sehr freuen, wenn Du mir Deine Erkenntnisse darüber mitteilen möchtest ☺

Jedenfalls habe ich bei meinem Forschen über die Bedeutung und die Praxis des Selbstvertrauens erkannt, dass diesem gesunder Selbstwert und gesunde Selbstachtung zugrunde liegen muss, ansonsten Vertrauen in sich selbst nicht möglich ist.

Ich kam zu dem Schluss, dass die SELBSTVERWIRKLICHUNG ein sehr wichtiger Inhalt des Menschseins ist, und dass erfolgreiche Selbstverwirklichung einen logischen Aufbau hat:

1. Selbstachtung

2. Selbstwert

3. Selbstvertrauen

4. Selbstliebe

5. Selbstverwirklichung

Speziell aus dem Blickwinkel des Aussteigens aus manipulativer Umgebung heraus befasst sich auch der nächste Band, Band 4, mit der *Selbstliebe* – und über die gibt es wirklich viel zu sagen für Ex-Zeugen!

In diesem Sinne hab Vertrauen in Dich selbst, gleich, ob Du ein Zeuge Jehovas, ein Ex-Zeuge Jehovas oder ein Nicht-Zeuge Jehovas bist, denn Selbstvertrauen braucht jeder Mensch in unserer Gesellschaft!

Herstellung und Verlag:
BoD - Books on Demand, Norderstedt

ISBN 9-783752-886696